OUVRAGES DE M. PAGART D'HERMANSART

COMPTES-RENDUS

OUVRAGES

DE

M. PAGART D'HERMANSART

membre de plusieurs sociétés savantes.

COMPTES-RENDUS

SAINT-OMER
IMPRIMERIE ET LITHOGRAPHIE H. D'HOMONT
RUE DES CLOUTERIES, 14

1889

OUVRAGES DE M. PAGART D'HERMANSART

Secrétaire-archiviste de la Société des Antiquaires de la Morinie, associé correspondant de la Société des Antiquaires de France, membre correspondant de la Société des Etudes historiques de Paris, de l'Académie d'Arras, de la Société académique de Boulogne et de la Société royale héraldique italienne à Pise.

Statistique de Saint-Omer en 1730. Broch. in-8°, 22 p. Fleury-Lemaire, Saint-Omer 1880. — *Epuisé.* (Bulletin des Antiq. de la Morinie.)

Les anciennes Communautés d'arts et métiers à Saint-Omer, 2 vol. in-8°, V. 744 et 405 p. avec 4 planches. Fleury-Lemaire, Saint-Omer 1879 et 1881. (Cet ouvrage a mérité une mention honorable au concours des Antiquités nationales de l'Académie des Inscriptions et Belles-Lettres en 1882.)

Les Montgolfières à Saint-Omer en 1784. Broch. in-8°, 3 p. Fleury-Lemaire, Saint-Omer 1882.

Convocation du Tiers-Etat de Saint-Omer aux Etats-généraux de France ou des Pays-Bas en 1308, 1346, 1420, 1427, 1555 *et* 1789. Broch. in-8°, 60 p. D'Homont, Saint-Omer 1883.

L'Artois réservé, son Conseil, ses Etats, son Election à Saint-Omer de 1640 à 1677. Broch. in-8°, 50 p. D'Homont, Saint-Omer 1883.

L'ancienne Chapelle de St Omer dans l'église N.-D. de Saint-Omer et le chanoine Guilluy. Broch. in-8°, 14 p. D'Homont, Saint-Omer 1883.

La Ghisle ou la Coutume de Merville 1451. Broch. 86 p. D'Homont, Saint-Omer 1884. (Ce travail a été lu au Congrès des Sociétés savantes tenu à la Sorbonne en 1883.)

Le dernier Président lieutenant-général de la sénéchaussée du Boulonnais, 1770 à 1790. Broch. in-8°, 12 p. Vve Charles Aigre, Boulogne-s-Mer 1885. — *Epuisé.*

Les Lieutenants-généraux au bailliage d'Ardres, 1568-1790. Broch. in-8°, 21 p. D'Homont, Saint-Omer 1885.

Le sol de Thérouanne de 1553 à 1776. Broch. in-8°, 4 p. D'Homont, Saint-Omer 1885.

Les Maisons d'éducation d'Ecouen et de Saint-Denis et les vassaux de Coppenbrugge en 1811. Broch. g^{d} in-8°, 10 p. Ernest Thorin, Paris 1885. (A été publié dans la *Revue des études historiques* en 1885.)

Un Magistrat municipal à Saint-Omer en 1790. Broch. g^{d} in-8°, 26 p. A. Sauton, Paris 1886. (Extrait de la *Revue de la Révolution.*)

Hospices de Blessy et de Liettres dans l'ancien bailliage d'Aire-sur-la-Lys. Broch. in-8°, 6 p. D'Homont, Saint-Omer 1886.

La Maison de Laurétan issue des Lorédan de Venise, en Allemagne, dans les Pays-Bas et en Artois. Broch. in-8°, 81 p. 1 planche armoirie. D'Homont, Saint-Omer 1886.

Les Cygnes de Saint-Omer. Fiefs et Hommages. La Garenne du Roi. Broch. in-8°, 21 p. D'Homont, Saint-Omer 1887. (Journal de la Société héraldique italienne, février 1887, p. 132.)

Documents inédits sur l'Artois reservé. Broch. in-8°, 15 p. D'Homont, Saint-Omer 1887. (Fait suite à l'*Artois réservé, son Conseil, etc.*)

Le Siège de Saint-Omer en 1677. *Réunion de l'Artois réservé à la France.* Broch. in-8°, p. 98. D'Homont, Saint-Omer 1888.

Notice sur la vie et les travaux de M. Deschamps de Pas correspondant de l'Institut Broch in 8 p. 63 – D'Homont S Omer 1890

Saint-Omer, typ. H. D'HOMONT.

LES ANCIENNES COMMUNAUTÉS
D'ARTS & MÉTIERS
A SAINT-OMER

I

Académie des Inscriptions et Belles-Lettres.

Extrait du rapport fait au nom de la Commission des Antiquités de la France sur les ouvrages envoyés au concours de l'année 1882, par M. Gaston Paris, lu dans la séance du 7 août 1882 de l'Académie des inscriptions et belles-lettres.

« Messieurs,

» Cette année encore, le concours des Antiquités de la France a été des plus satisfaisants, et si votre commission s'est trouvée embarrassée, c'est par le petit nombre de distinctions dont elle dispose et non par le petit nombre de ceux qui les méritaient.

. . . .

Presque tous ceux qui n'obtiennent que des mentions honorables avaient été jugés dignes en eux-mêmes de figurer dans la première catégorie. »

. . . .

« La dernière (mention honorable) [1] dont nous disposions est accordée à M. Pagart d'Hermansart pour son ouvrage sur les *Anciennes communautés d'arts et métiers à Saint-Omer*. On a déjà beaucoup étudié les deux sujets du livre de M. d'Hermansart, l'histoire des anciennes corporations industrielles et celle de la ville de Saint-Omer ; mais l'auteur, par de patientes recherches suivies dans la même voie pendant de longues années,

[1] Il s'agit de la sixième. (V. p. 21 du rapport).

est arrivé à obtenir des résultats, sinon toujours nouveaux, au moins en beaucoup de points plus complets et mieux assurés que ceux qu'on avait atteints avant lui. Il a surtout cherché, tout en exposant l'histoire des institutions qu'il étudiait à Saint-Omer, à en rattacher l'origine à celle des institutions semblables d'autres villes des Flandres, et à en montrer le caractère exclusivement industriel et commercial, non, comme dans d'autres cités, communal et politique. Saint-Omer n'acheta point ses libertés industrielles et son indépendance municipale en luttant contre les puissances féodales ; elle les dut plutôt au développement de ces associations commerçantes, d'origine très probablement germanique, si célèbres sous le nom de gildes, dont la prospérité fut favorisée à Saint-Omer par la protection des deux grandes abbayes auxquelles cette ville a dû en bonne partie son origine et ses premiers accroissements. Si les vues de M. d'Hermansart nous semblent justes en général, nous devons relever dans son ouvrage une tendance trop fréquente à vieillir au delà de la certitude et même de la vraisemblance les documents sur lesquels il s'appuie ; ainsi le texte qu'il publie et commente au sujet de la *Gilda mercatoria* ne paraît pas avoir de titres à l'antiquité reculée qu'il lui attribue. Copié sur un registre municipal du XIVe siècle entre deux autres titres datés de 1327 et de 1342, ce document peut bien, pour le fond, reproduire des usages plus anciens, mais il ne saurait, dans la rédaction où il nous est parvenu, remonter au XIe siècle, encore moins au IXe ou au VIIIe, comme l'auteur le présume. Sauf ces réserves et quelques autres moins importantes, on ne peut que louer le consciencieux travail de M. d'Hermansart, et notamment le choix, l'analyse, et, autant que cela a été possible et utile, la reproduction textuelle d'un grand nombre de documents relatifs à toutes les branches de l'industrie et du commerce de la ville de Saint-Omer, depuis le XIVe siècle jusqu'à la fin du XVIIIe. Il y a là une masse de renseignements de tout genre qui dépassent souvent les limites de l'intérêt local et seront utiles à l'histoire économique du pays. L'appendice sur les plombs et médailles des corporations que M. Deschamps de Pas, notre correspondant, a joint au volume, ajoute un nouveau prix à l'ouvrage publié sous les auspices de la Société des Antiquaires de la Morinie par ses deux savants secrétaires. »

II

Extrait de l'Investigateur, journal (depuis Revue) de la Société des Etudes historiques (livraison de juillet-août 1881, p. 201 à 209).

Les anciennes communautés d'arts et métiers à Saint-Omer, par M. PAGART D'HERMANSART

Les recherches historiques sur les institutions, les coutumes anciennes offrent toujours, par un côté quelconque, une utilité pratique; si grande que soit, en effet, la manie actuelle de rompre absolument avec tout ce qui tient au passé et spécialement à ce passé d'avant 89 qu'on croit désormais anathématiser en l'appelant l'ancien régime, il est certain que plusieurs innovations prétendues ne sont autres que de véritables retours au passé, avec des modifications résultant de la différence des époques.

Après avoir vanté outre mesure les bienfaits de la liberté absolue du commerce et de l'industrie, on s'efforce d'organiser partout des associations syndicales. Des économistes sérieux y voient l'un des moyens les plus efficaces pour arriver à la solution des questions ouvrières. On proclame que les syndicats professionnels deviendront le véritable trait d'union entre le travail et le capital, un gage de paix sociale pour l'avenir.

D'autre part, combien d'objections puissantes sont faites par les meilleurs esprits contre l'application illimitée des théories libre-échangistes ?

Ce sont là les raisons sérieuses qui donnent un vif intérêt à la publication de M. Pagart d'Hermansart sur les anciennes communautés de Saint-Omer.

La Flandre et l'Artois ont été les pays où l'organisation des diverses professions industrielles a atteint le plus grand développement. A Saint Omer, cette organisation se rapprochait de celle des cités belges qui en offraient le type le plus complet. Les privilèges commerciaux furent confondus avec les privilèges politiques. La surveillance et la police des métiers appartinrent longtemps à l'échevinage. C'est par ce motif qu'on ne peut guère séparer leur histoire.

L'ouvrage publié par M. Pagart d'Hermansart sous ce titre : *Les anciennes communautés d'arts et métiers à Saint-Omer* se compose de deux tomes in-8° dont le premier est en deux parties.

La première partie du tome Ier offre un intérêt général : elle contient une histoire résumée de l'échevinage et l'organisation complète des communautés d'arts et métiers à Saint-Omer.

Dès l'origine de l'industrie, les marchands, distincts à la fois de la caste féodale et de la masse servile, formèrent une classe nouvelle et se réunirent dans une association, appelée *Gilda mercatoria,* ayant ses magistrats, ses règlements, sa police et qui, reconnue par le châtelain, obtint de lui des droits de justice sur ses membres qualifiés de bourgeois.

La commune de Saint-Omer et son échevinage paraissent dater à peu près de la même époque que la Gilde marchande, la moitié du XIe siècle.

Après avoir résumé l'histoire politique de l'échevinage, l'auteur expose son organisation. L'échevinage réunissait toutes les attributions municipales, dans la mesure la plus large. On est étonné de retrouver à Saint-Omer un usage analogue à l'album du préteur romain. Le Mayeur (Maire), en entrant en charge, avait l'habitude de rendre une ordonnance de police, appelée *commandement,* qui devait être exécutée d'une épiphanie à l'autre, c'est-à-dire pendant l'année de sa gestion.

Les attributions judiciaires de l'échevinage furent organisées sous Charlemagne. Les membres étaient choisis, du consentement de tout le peuple, par les commissaires impériaux, les *missi dominici.* Sous le régime féodal, ils furent élus par tous ceux qui avaient juré la Gilde. En 1447, il y avait des élections annuelles auxquelles prenaient part les trois états : clergé, noblesse, bourgeoisie.

Sous Louis XIV et Louis XV, le principe de l'élection fut méconnu et la nomination du corps échevinal attribuée à l'intendant royal. Plus tard, par la composition du corps électoral, l'élection dépendit des députés aux états d'Artois.

La loi du 14 décembre 1789 supprima l'échevinage, à Saint-Omer comme partout.

La *Gilda marcatoria* avait à sa tête des Doyens, avec droit de justice. Chaque associé payait une cotisation. Il y avait une salle commune, la Gildhalle richement décorée. On se réunissait dans de fréquents banquets. Pour y assister, il faut, disent les statuts, avoir sa paix faite avec son prochain. Les coups, les injures, les protestations ou cris, lorsque la *sonnette* a mis fin aux discussions, sont punis d'amende. (On voit que la sonnette du président est d'origine très ancienne). On fait de nombreuses distributions de vin, notamment aux malades qui n'ont pas pu se rendre aux banquets, aux femmes des absents, aux prêtres des paroisses.

En imitation de la *Gilda mercatoria,* les Gildes spéciales de métier naquirent au fur et à mesure que certaines industries eurent acquis un développement suffisant.

On sait qu'Etienne Boileau, l'illustre Prévôt des marchands, recueillit tous les règlements des corporations de Paris. Chaque corporation, plus tard, dut obtenir, pour ses statuts parculiers, une autorisation par lettres patentes, enregistrées au Parlement.

Mais en Flandre et en Artois, avant la domination française, les villes jouissaient du droit de faire des statuts et règlements pour l'établissement, le maintien et la direction des communautés d'arts et métiers. Ce privilège remontait pour la ville de Saint-Omer à la plus haute antiquité. Guillaume Cliton l'avait confirmé par l'article 13 de sa Charte de 1127.

Les statuts étaient rédigés dans la halle échevinale, en l'assemblée des mayeurs et échevins en exercice, des jurés au conseil et des dix jurés pour la communauté. Ils étaient publiés, pour certaines corporations, tous les ans, au *Doxal,* tribune placée dans un angle de la halle échevinale.

Les publications qui se faisaient à la *Bretecque,* tribune placée au devant de l'hôtel-de-ville, avaient, en général, pour objet des matières politiques.

Les divers actes de l'échevinage furent rédigés et publiés en flamand jusqu'au XIVe siècle.

En Flandre et en Artois, les communautés s'appelèrent *Gildes, Confréries, Carités, Keures.* Elle ne prirent le nom de *Maîtrises* et *Jurandes* que dans la seconde moitié du XVIIIe siècle, lorsqu'une partie des règlements fut empruntée à la législation française.

Il y avait diverses conditions pour être *apprenti,* pour devenir *maître.* Une certaine solennité entourait la confection du *chef-d'œuvre.* On payait des droits de réception , on donnait un repas confraternel.

Ces conditions étaient singulièrement modifiées au profit des fils de maîtres : ils pouvaient être dispensés de l'apprentissage, du chef-d'œuvre, d'une grande partie des prestations. C'était une situation privilégiée qui excita des jalousies et entraîna de graves abus.

Les maîtres étaient *francs à leur métier* c'est-à-dire avaient seuls le droit d'exercer. Il était interdit à toute personne étrangère d'ouvrir boutique dans la ville, sans le consentement des maîtres.

On pourvoyait, au moyen de fonds spéciaux, aux secours à donner aux confrères, vieux, pauvres ou malades. C'était, en germe, l'organisation de nos sociétés de secours mutuels.

Il y avait une bourse commune. Toutes les sommes payées au métier, quelle que fût leur provenance, auxquelles les statuts n'avaient pas assigné une destination spéciale, formaient une bourse destinée aux besoins généraux de la communauté.

Les veuves pouvaient continuer la profession tant qu'elles ne se remariaient pas.

Les maîtres, limités pour le nombre des apprentis, pouvaient employer autant d'*ouvriers* qu'ils voulaient : on appelait ainsi ceux qui ne se destinaient pas à la maîtrise, désignés aussi sous le nom de *vallets de métier* ou *garçons*.

La corporation était administrée par un *doyen*, véritable directeur élu annuellement entre les maîtres, responsable, comme un tuteur dans ses comptes, à l'égard de ses pupilles. Dans certaines corporations, plus tard, les doyens furent appelés syndics. C'est ce même nom qui revit aujourd'hui dans les syndicats professionnels.

Il y avait aussi à la tête des principales corporations des grands maîtres, désignés par le mayeur entre les échevins ou les jurés au conseil. Le grand maître représentait la corporation dans ses rapports avec l'échevinage.

On avait établi une sorte de division des pouvoirs : l'administration intérieure de la corporation appartenait au doyen ; la surveillance générale au grand maître ; la police à l'échevinage qui désignait les personnes chargées d'inspecter, de visiter, de contrôler. Ces experts visiteurs étaient les *keuriers* ou *cœuriers*. Appelés aussi *esgards*, les cœuriers étaient chargés de s'assurer que les marchandises étaient fabriquées en conformité des règlements. Le mot flamand *keure* signifie statut, loi.

Les *cœuriers*, généralement nommés par les échevins, dressaient, chaque mois, un état nominatif des délinquances et assuraient ainsi le paiement des amendes au greffe du crime.

Des banquets confraternels avaient lieu lors des réceptions des maîtres et même des apprentis, à la nomination des doyens, des cœuriers, après la fête des patrons, la reddition des comptes et la procession du saint-sacrement. L'échevinage lutta en vain pour diminuer le nombre et réduire les dépenses de ces banquets vraiment excessifs. Ces frais étaient si considérables qu'ils grevaient lourdement l'entrée des professions.

Les communautés étaient soumises à diverses obligations envers la ville : elles faisaient partie de la milice municipale ; elles étaient obligées d'éteindre les incendies ou, comme on disait alors, *le feu du malheur*.

L'observation du dimanche et des fêtes religieuses était d'une extrême rigueur. Les boulangers ne pouvaient ni travailler, ni exposer leurs pains les dimanches et fêtes, de sorte que pendant plus de 60 jours de l'année les fours n'étaient pas allumés, et la population de Saint-Omer était privée de pain frais. Jusqu'en 1587, on défendit à toute personne d'aller au cabaret pendant le service divin, sous peine de 60 sols contre les buveurs et de 10 sols contre les cabaretiers.

Divers règlements appliquant des préceptes moraux et religieux défendaient aux artisans de s'injurier, de mépriser leurs chefs, de se livrer à la débauche, de boire avec excès, de blasphémer et de profaner les choses saintes.

Toute cette partie morale des règlements des corporations est très intéressante et inspire de vifs regrets, quand on la compare avec l'état actuel de la classe ouvrière.

Il est incontestable que les communautés ont rendu d'éminents services au commerce et à l'industrie. L'apprentissage perpétuait les bonnes pratiques ; le règlement des engagements entre patrons et ouvriers assurait la paix sociale. La surveillance des *cœuriers* sur tous les objets du commerce, la marque de la ville sur tous les produits fabriqués étaient autant de garanties données aux acheteurs par l'autorité publique.

On maintenait l'offre du travail en rapport constant avec la demande. On évitait ainsi les chômages, les coalitions, les grèves, ces dangers sans cesse renaissants, qui constituent les plus graves des questions ouvrières.

L'artisan, qu'il fût maître, apprenti ou simple ouvrier, trouvait dans sa communauté des conditions de sécurité et de protection suffisantes. On cherche à les retrouver, aujourd'hui, dans des institutions de secours et d'association, mises en rapport avec les conditions nouvelles de l'activité industrielle et de la liberté de l'individu, autrefois trop méconnue.

Toutefois une étude impartiale fait reconnaître que l'organisation des métiers était abusive, surtout en ce qu'elle refusait de faire une part suffisante à l'intelligence de l'artisan, ne lui laissant aucune initiative, ne lui permettant ni d'inventer, ni d'innover. La maîtrise, d'ailleurs, tendit, de plus en plus, à devenir un privilège pour les fils de maîtres, à cause de l'exagération des prestations imposées à ceux qui ne l'étaient pas. Chaque corporation forma, peu à peu, comme une caste inabordable.

L'échevinage, il est vrai, en Flandre et spécialement à Saint-Omer, s'efforça de combattre les abus, plus qu'en aucun autre pays. Mais la royauté française, après la conquête, augmenta le désordre par des mesures financières qui écrasèrent l'industrie ; on en arriva bientôt à la vénalité des maîtrises.

L'ingérence croissante du pouvoir central détruisit l'ancienne organisation des corps de métiers.

Un édit général de février 1776 rédigé par Turgot supprima les jurandes et maîtrises.

Louis XVI, par un édit modificatif du mois d'août, établit un régime intermédiaire entre l'ancien systéme et celui de Turgot, mais ni le parlement de Flandre, ni le conseil d'Artois n'enregistrérent ces édits.

Enfin la loi des 2-17 mars 1791 supprima définitivement, dans toute la France, les maîtrises et jurandes et établit le système moderne des patentes.

La deuxième partie du tome Ier examine successivement chacun des divers corps de métiers.

Pour donner une idée de la manière dont l'auteur a traité cette partie de son sujet, nous résumerons les détails essentiels, relatifs à la corporation des drapiers, l'une des plus importantes à Saint-Omer.

La fabrication des étoffes de laine dans la Flandre remonte à l'époque la plus reculée, car les saies des Morins étaient connues et appréciées à Rome. Les laines venaient à Saint-Omer de l'Angleterre où plus de cent abbayes élevaient de nombreux troupeaux.

La rivière d'Aa qui traversait la ville, les moulins à eau, les moulins à foulons qui avaient une grande renommée, peut-être la qualité exceptionnelle des eaux, furent les principales causes de la prospérité croissante de la draperie. Il y eut jusqu'à 900 grands métiers, ce qui supposait 36,000 ouvriers environ.

Les drapiers n'étaient pas, eux-mêmes, artisans : ils faisaient travailler un grand nombre de métiers, notamment les tisserands, les foulons et les tondeurs, désignés par l'appellation des *trois métiers*.

Les tisserands avaient à leur tête un châtelain ; les foulons et les tondeurs un connétable.

La surveillance exercée sur la fabrication s'étendait aux diverses périodes. Les établissements où les draps devaient être apportés et visités s'appelaient *caltres*. On déchirait les draps défectueux ; on apposait sur ceux reconnus bons la marque de la ville, consistant en une double croix en fil de lin qui permettait de les mettre en vente, et les sceaux qui en désignaient la qualité.

Le personnel employé au *caltre* était considérable. Il y avait 16 eswardeurs ou visiteurs, plusieurs sergents et autres officiers subalternes. Grâce à une minutieuse surveillance, Saint-Omer avait obtenu pour ses draps une juste réputation qu'elle maintint jusqu'au XIVe siècle.

La corporation des drapiers veillait, surtout, à ce que la marque ne fût pas falsifiée. En 1356, on fit condamner au bannissement Jean Lefebvre, convaincu d'avoir apposé la marque de Saint-Omer sur des draps fabriqués à Arques. Le drap saisi fut exposé sur un gibet et brûlé.

Malheureusement l'Angleterre garda ses laines, se mit à fabriquer elle-même et organisa une concurrence redoutable.

La réputation de la marque de Saint-Omer fut compromise par de fréquentes contrefaçons. Le dernier coup qui devait être mortel lui fut porté par la fraude de l'un des drapiers même de la cité.

Enguerrand Flourens, drapier, tondeur, licheur et pareur, parvint en 1383, à tromper la surveillance des agents du *caltre* et à apposer sur de petits draps le sceau employé pour désigner les grands draps fins. Il envoya ces petits draps à l'une des foires de Champagne où les marchands, se fiant à la marque, crurent acheter de grands draps fins qui valaient deux fois et demi les petits. On découvrit la fraude et le coupable fut condamné à 10 ans de bannissement. Mais les draps de Saint-Omer n'en furent pas moins chassés de toutes les foires du royaume et ses drapiers n'obtinrent grâce que vingt-sept ans plus tard, par lettres du roi Charles VI, d'août 1410.

Le commerce de la draperie ne fit désormais que déchoir.

Les diverses corporations, très nombreuses à Saint-Omer, ont toutes été étudiées avec la même richesse et même sûreté de détails.

La 2e partie du tome 1er est suivie d'un curieux appendice de M. Deschamps de Pas sur quelques médailles et plombs, ayant appartenu aux corps de métiers de Saint-Omer.

Le tome 2e contient les pièces justificatives qui sont surtout des statuts et règlements des communautés.

M. Pagart d'Hermansart a traité son sujet d'une manière complète. Ses divisions sont méthodiques ; son exposition est claire et précise. Il a reconstitué la vie des anciennes communautés, en a fait ressortir les réels avantages, sans en dissimuler les inconvénients et les abus.

C'est une œuvre d'histoire locale d'une incontestable valeur qui n'offre pas seulement un intérêt de recherches savantes et curieuses, mais un ensemble d'observations utiles et pratiques.

On pourra consulter avec fruit certaines parties de cet ouvrage, toutes les fois qu'on voudra traiter les questions relatives aux associations ouvrières, aux syndicats professionnels, créations diverses qui seront, longtemps encore, l'objet des préoccupations de nos économistes et qui constituent l'un des côtés les plus intéressants du socialisme contemporain.

CAMOIN DE VENCE.

III

Extrait du Polybiblion. — Revue bibliographique universelle. — Partie littéraire, t. 13e de la 2e série, et 32 de la collection. Octobre 1881, p. 352 à 354.

Les anciennes communautés des arts et métiers à Saint-Omer, par PAGART D'HERMANSART, secrétaire-archiviste de la Société des Antiquaires de la Morinie, avec un *appendice sur quelques médailles en plomb, leur ayant appartenu,* par L. DESCHAMPS DE PAS, correspondant de l'Institut. Saint-Omer, imp. Fleury-Lemaire, 1879-1881, 2 vol. in-8, de v-744 et 405 p. avec 4 planches.

La crise industrielle provoquée par les bouleversements révolutionnaires qui ont suivi 1789 et dont les effets ne font que s'accentuer avec le temps, porte beaucoup d'esprits sérieux à étudier le régime du travail avant cette époque fatidique, pour offrir aux réformateurs les éléments que fournissent les leçons du passé, et à ceux qui aiment mieux perfectionner que détruire, des types à adapter aux besoins de la situation actuelle. Ces travaux très nombreux ont leur bibliographie spéciale, encore inédite, due à M. E. Blanc ; ils viennent de s'augmenter de deux publications dues à des archivistes de sociétés savantes de province.

M. Pagart d'Hermansart donne une étude complète sur les anciennes communautés des arts et métiers de Saint-Omer, rédigée principalement sur les documents conservés dans les archives de cette ville. Pour mieux faire comprendre le mécanisme si minutieusement réglé des communautés, corporations et confréries, il expose l'organisation municipale, touchant de près celle des communautés, par l'ingérence du « Magistrat » dans la confection de leurs statuts, leur exécution et la surveillance sur tout ce qui tenait aux intérêts des habitants. Il montre la prépondérance de l'élément germanique dans ces populations qui, groupées autour du monastère Sithiu, ont constitué Saint-Omer, et qui se trouvaient déjà englobées dans une *Gilda mercatoria,* dont on ne peut pas fixer la date, mais qui n'est point postérieure à la seconde moitié du onzième siècle. Il consacre son second livre au commerce en général : institutions commerciales, privilèges commerciaux, foires, impôts, poids et mesures : le troisième et le quatrième à l'organisation des communautés d'arts et métiers, et à la réglementation du travail : statuts des communautés, conditions pour acquérir la maîtrise, privilèges et obligations des maîtres, administration, organisation religieuse, banquets, heures, jours et lieux consacrés au travail et à la vente, salaires, etc. Le cinquième livre donne des détails sur les communautés classées suivant leurs objets : métiers relatifs au transport des marchandises, à l'alimentation, au vêtement, etc. Puis vient une note de M. L. Deschamps de Pas (p. 677-687) sur dix-sept médailles en plomb relatives aux corporations de Saint-Omer, et reproduites dans deux planches. Deux autres planches donnent les armoiries de ces associations enregistrées par d'Hozier. Signalons avec éloge trois tables : table analytique, table alphabétique, puis table des dénominations des métiers cités dans l'ouvrage. Le tome second est tout entier occupé par des pièces justificatives rangées méthodiquement (statuts, réglements, arrêtés, ordonnances, cœures, etc.), au nombre de 169 qui ont aussi leur table, quelques-unes du onzième, du douzième, du treizième et du quatorzième siècle, reproduites soit d'après des originaux, soit d'après des copies, ce qui n'est pas toujours indiqué. La plus importante et la plus ancienne, sont les statuts de la Guilde marchande, qui étaient inédits.

Nous ne pouvons essayer d'analyser un livre si plein de faits tous appuyés sur des textes. S'il paraît plus spécialement rédigé en vue des érudits, il fournira néanmoins à l'économiste des données précises sur le régime et la situation économiques, et pour le simple amateur, il lira avec intérêt les nombreux détails sur le commerce, l'industrie, les coutumes et mœurs. Bien des réglementations que nous croyons le fruit de notre sagesse, ne sont que la copie de celles de nos ancêtres ; quelques-unes sont encore en vigueur, comme pour la vente du poisson de mer qui est encore *mincqué* (p. 421). Si l'on ne donne pas plus de détails sur certaines industries, comme sur celle des vêtements, il faut en savoir gré à l'auteur qui ne manquait pas de documents, mais qui n'a pas voulu refaire ce que d'autres avaient accompli avant lui sans laisser l'espoir de faire mieux. On sera frappé de bien des abus qui se sont glissés dans toutes ces institutions malgré tous « cœuriers », mais on remarquera aussi quel soin prennent tous les règlements de chercher à concilier les intérêts de la consommation et de la production, de l'ouvrier et du patron ; puis on verra que l'idée religieuse est l'idée mère de toutes ces associations, leur point de contact, leur trait d'union, et nous signalerons à cette occasion, une liste des patrons des corporations (p. 262-263).

René de Saint-Mauris.

IV

Extrait de la Revue des questions historiques, 1er avril 1882.

Les anciennes communautés d'arts et métiers à Saint-Omer, par Pagart d'Hermansart, secrétaire-archiviste de la Société des antiquaires de la Morinie, avec un appendice sur quelques médailles et plombs leur ayant appartenu, par L. Deschamps de Pas, correspondant de l'Institut. Saint-Omer. Fleury-Lemaire, 1879-1881, 2 vol. in-8° de 744 et 405 pages.

Il est inutile d'insister sur l'intérêt que présentent les recherches et les publications sur les anciennes corporations d'arts et métiers. L'histoire de ces associations est particulièrement importante dans les villes de la Flandre et du nord de la France, où elles se mêlèrent si intimement à l'organisation municipale et à la vie politique de la cité. A Saint-Omer, qui ne fut point une ville de commune, mais de franchises municipales, l'organisation échevinale avait pris naissance dans l'antique *gilda mercatoria,* dont il est impossible de préciser l'origine, association d'artisans dépendant sans doute anciennement de l'abbaye de Saint-Bertin en Sithiu, analogue aux *charités* formées à Arras par les artisans du domaine de Saint-Vaast. Aussi l'autorité des échevins sur les corporations ouvrières est-elle très grande et incontestée. Non seulement le Magistrat impose des règlements aux corps de métiers, mais il leur donne des « grands maîtres, » parfois étrangers au métier, chargés de la discipline de la corporation et de ses relations avec l'échevinage de Saint-Omer.

Les statuts publiés ou analysés par M. Pagart d'Hermansart ont pour but, comme tous les anciens règlements analogues, de sauvegarder les intérêts de l'acheteur ou du consommateur, en les protégeant contre la fraude ou une spéculation excessive, et ceux de l'ouvrier ou du vendeur, en leur assurant une juste rémunération et les défendant contre les dangers d'une concurrence ruineuse. Ils établissent en outre la discipline du métier, réglant les questions d'apprentissage, de maîtrise, les conditions du travail, les repas de corps, etc. Chaque corporation forme à Saint-Omer une confrérie, a son patron, sa chapelle ou son autel, sa fête, son rang et sa chandelle à la procession de la Fête-Dieu, et son fonds de réserve pour les « pauvres ou malades du métier. » La draperie est, aux XIIe et XIIIe siècles, la plus importante et la plus riche de ces corporations ; la guerre de Cent ans amena une décadence que les efforts des drapiers et du magistrat furent impuissants à arrêter.

Le livre de M. Pagart d'Hermansart reproduit de curieuses dispositions relatives aux examens des chirurgiens, aux inspections auxquelles sont assujettis les apothicaires, au service médical établi en faveur des pauvres dès le XIVe siècle, au travail des femmes, aux hôteliers (astreints à donner chaque jour par écrit à l'échevin ou au connétable de garde les nom et surnom de ceux qu'ils logeaient), aux cabaretiers, aux brasseurs dont les fraudes sont minutieusement décrites, aux attributions des cœuriers qui correspondent aux eswardeurs ou esgardeurs d'autres villes, etc., etc. A propos des peintres, l'auteur place l'invention de la peinture à l'huile entre les années 1338 et 1410 : des textes authentiques permettent d'affirmer qu'elle était en usage en Artois à la fin du XIIIe siècle, appliquée sur les surfaces des murs et sur des panneaux de bois.

Le second volume est consacré aux pièces justificatives, qui sont nombreuses et bien choisies. Les plus anciennes sont les *Consuetudines gilde mercatorie*, texte inédit du XIIe siècle, peut-être de la fin du XIe, et les statuts de la hanse de Saint-Omer, de la première moitié du XIIIe siècle. M. Pagart n'a pas cru devoir réimprimer un certain nombre de règlements et d'actes des XIIe, XIIIe et XIVe siècles, publiés par M. Giry dans son *Histoire de Saint-Omer*.

Il convient d'ajouter que ces communautés d'arts et métiers n'eurent point trop à souffrir des réformes de l'école économique du XVIIIe siècle : l'édit de Turgot de 1776 ne fut ni enregistré par le Conseil d'Artois, ni appliqué à cette province.

Un appendice placé à la fin du tome Ier, sous le titre de « note sur quelques médailles et plombs relatifs aux corporations d'arts et métiers de Saint-Omer », et accompagné de planches, est dû à la plume et au crayon de M. L. Deschamps de Pas, si compétent en ces matières, et qui lui-même publiait il y a peu de temps un volume si érudit et si intéressant sur les *Etablissements hospitaliers de Saint-Omer*, étude qui se rattache par plus d'un point à celle des communautés d'arts et métiers.

Ces deux publications font le plus grand honneur à la Société des antiquaires de la Morinie, qui leur a accordé son patronage. Le livre de M. Pagart, d'autant plus important que les archives de Saint-Omer ont été brûlées en place publique pendant la Révolution, est une mine où viendront puiser tous ceux qu'intéresse l'étude de l'organisation municipale, du commerce et de l'industrie, de la police urbaine, des mœurs de la vieille bourgeoisie française.

J.-M. Richard.

V

Bulletin du Comité des travaux historiques et scientifiques[1].

SECTION DES SCIENCES ÉCONOMIQUES ET SOCIALES, ANNÉE 1884
p. 42 à 47.

Mémoires de la Société des antiquaires de la Morinie, volume XVI ; première partie, 1876-1879 ; seconde partie, 1879-1881 ; volume XVII ; 1880-1881.

La Société des antiquaires de la Morinie a publié dans ces deux volumes un travail intéressant de M. Pagart d'Hermansart, secrétaire archiviste de la Société, qui porte pour titre : *Les anciennes communautés d'arts et métiers à Saint-Omer*, et qui est suivi d'un appendice *sur quelques médailles et plombs leur ayant appartenu*, par L. Deschamps de Pas, correspondant de l'Institut et secrétaire général de la Société. Le premier tome du XVIe volume renferme les quatre premiers livres, origine et histoire sommaire des institutions municipales de Saint-Omer, du commerce en général, organisation des communautés d'arts et métiers, réglementation générale du travail ; le second tome renferme le livre cinquième des communautés d'arts et métiers en particulier et l'appendice. Le XVIIe volume est consacré aux pièces justificatives.

[1] Publié par le ministère de l'Instruction publique et des Beaux-Arts.

Ce travail mérite, par l'importance du sujet, un compte rendu plus étendu que de coutume ; il intéresse l'histoire générale des institutions industrielles de la France du nord.

La ville de Saint-Omer, comme toutes les villes de Flandre, possédait de très larges franchises municipales. D'anciennes chartes, accordées aux habitants par les seigneurs de l'Artois, paraissent leur avoir reconnu le droit de faire toutes les ordonnances de police qu'ils jugeraient utiles, « tant sur le fait des mestiers comme autrement », ainsi que s'expriment des chartes postérieures (1447). Les habitants faisaient remonter ces chartes au XIIe siècle (1127, 1128, 1169). Lorsque Saint-Omer eût été définitivement acquis à la France, les magistrats de la ville obtinrent par arrêt du Conseil d'Etat du 21 février 1673, comme par la capitulation de 1677, la confirmation de leurs privilèges. L'institution des corporations d'arts et métiers, leurs statuts et leurs privilèges émanaient donc du maire et des échevins, qui avaient, paraît-il, avant d'agir, l'habitude de consulter, sous forme d'enquête, les parties intéressées et les habitants. C'était d'ailleurs le droit commun dans les villes des Pays-Bas ; celles de la Flandre française et de l'Artois le maintinrent sous l'administration française, non sans difficulté toutefois, car elles furent menacées par les créations d'offices de la fin du règne de Louis XIV et par les prétentions du Conseil provincial d'Artois qui accueillait les appels des jugements du Magistrat. Un arrêt du Conseil du 19 décembre 1750, pour trancher le différend, attribua ces appels à l'intendant de la province ; mais les contrevenants aux règlements de police ne renoncèrent pas entièrement à s'adresser à un tribunal qu'ils trouvaient sans doute mieux disposé que l'intendance, et, en 1780, l'intendant, qui était alors Calonne, était obligé de rendre une ordonnance faisant défense de porter les appels au Conseil provincial, et de tenir boutique dans ladite ville de Saint-Omer, d'y colporter des marchandises hors des temps de foire et d'y exercer aucun métier sans être reçu marchand ou admis à la maîtrise conformément auxdits statuts et règlements.

La ville de Saint-Omer avait racheté pour 25,000 livres les offices des sergents, huissiers, etc., créés en 1695. D'autres furent créés plus tard en 1699, en 1709 et 1710 et également rachetés. Voici quelques extraits des pièces qui confirment ce droit du magistrat :

Arrêt du Conseil d'Etat du 1er juin 1746. — Sur la requête presentée au roy etant en son Conseil par les maires et echevins de la ville de Saint-Omer en Artois, contenant qu'en qualité de juges ordinaires et de police de ladite ville de Saint-Omer, ils ont, comme le Magistrat d'Arras et ceux des autres villes de cette province, le pouvoir de faire des statuts et des réglements pour la direction des corps de métier, que ce droit leur appartient de temps immémorial et en vertu des concessions des souverains d'Artois; ce qui a porté Sa Majesté à réunir aux corps des suppliants, par un arrest du 14 juin 1735, les deux offices de conseillers du Roy, lieutenants generaux de police, créés par les édits du mois d'octobre 1699, janvier 1709 et février 1710, que c'est sur les mêmes motifs qu'en cassant un arrest du Parlement de Paris du 30 août 1672 qui avait chargé les frippiers et autres ouvriers et marchands de la ville d'Arras d'obtenir des lettres de confirmation de leurs statuts, il fut aussi ordonné par un arrest du Conseil du 21 février 1673 que les statuts faits par le Magistrat d'Arras seraient executés selon leur forme et teneur sans qu'il soit besoin d'autre homologation ou confirmation... que les statuts et reglements de police faits par le Magistrat de Saint-Omer ont toujours eu leur parfaite exécution sans aucune homologation ou confirmation suivant l'usage universel des dix-sept provinces des Pays-Bas... Ouï le rapport, Sa Majesté estant en son Conseil a ordonné et ordonne que les arrests de son Conseil du 21 février 1673 et du 14 juin 1735 seront executés selon leur forme et teneur et en confirmant le Magistrat de la ville de Saint-Omer dans ses droits et privilèges de faire des statuts et réglements de police pour la direction des corps de métiers de ladite ville et de les changer, augmenter ou diminuer suivant l'exigence des cas... Tiré des archives de la ville, CXIV-I. *Mémoires de la Société des antiquaires de la Morinie,* t. XVII, p. 15. Confirmé par arrêt du Conseil du 19 décembre 1750.

Arrêt du Conseil du 30 août 1749. — Sur la requête présentée au Roy estant en son Conseil par les maires et eschevins des villes d'Artois... Ils ont, comme les Magistrats de Lille, Dunkerque et autres villes de Flandres, le droit incontestable de faire des statuts et des réglements pour l'établissement, maintien et direction des communautés d'arts et metiers, même de les changer, corriger, diminuer et augmenter suivant l'exigence des cas et de les faire exécuter sous les peines y portées... *Mémoires de la Société des antiquaires de la Morinie*, t. XVII, p. 19.

Avant que les corporations de métiers ne fussent instituées, Saint-Omer paraît avoir eu une ghilde de marchands *(gilda mercatoria)*, sorte d'association dont les membres, marchands et artisans, s'assistaient mutuellement, dans la ville comme hors de la ville ; ils avaient des banquets auxquels ils étaient tenus d'assister. Au XIIe siècle, le titre de membre de la ghilde paraît s'être confondu avec celui de bourgeois ; à la place de cette ghilde on voit paraître, d'une part, la hanse qui existait déjà au milieu du XIIe siècle et qui n'est plus composée que de commerçants, bourgeois de la ville ou étrangers ayant un établissement dans la ville, et, d'autre part, les ghildes de métiers. Dans les siècles suivants, où les faits sont appuyés sur des témoignages plus certains, les doyens des principales ghildes assistaient dans certaines occasions les magistrats municipaux ; il fallait être membre de quelqu'une de ces confréries pour prétendre à une influence politique à Saint-Omer. Les corps de métiers étaient aussi étroitement unis à l'administration municipale en Flandre que dans les domaines du roi de France.

Pour être maître à Saint-Omer, la première condition était d'être bourgeois de la ville. La seconde était qu'il y eût une place vacante dans le métier : car le nombre des maîtres était fixé par les statuts, mais le Magistrat pouvait augmenter ou diminuer ce nombre. La troisième était d'avoir fait son apprentissage, de subir ensuite l'épreuve du chef-d'œuvre, et de payer certains droits.

Chaque corporation était administrée par un doyen qui veillait à l'exécution des statuts, tenait le registre des réceptions à l'apprentissage et à la maîtrise, dressait les rôles d'impôts, gérait les biens de la communauté et veillait à ce que les visites fussent régulièrement faites. Le doyen était élu pour un an par les maîtres de la communauté ; l'élection avait lieu d'ordinaire le jour du saint Sacrement. Le doyen élu ne pouvait refuser cette fonction, et, comme elle entraînait des dépenses, entre autres celle d'un banquet aux maîtres du métier, il fallut plusieurs fois que le Magistrat intervînt pour faire accepter le titre de doyen ou pour en modérer les charges.

Quatre maîtres, également élus pour une ou plusieurs années, assistaient le doyen.

Un trait particulier au régime des corporations à Saint-Omer est l'institution des grands maîtres. Les grands maîtres ou souverains maîtres étaient nommés par le Magistrat et placés à la tête des principales corporations, quelquefois à la tête de plusieurs corporations à la fois. Ainsi, une même personne était, en 1787, grand maître des bélandriers, des menuisiers et des charretiers ; après sa mort, on nomma un grand maître distinct pour chacun de ces métiers. Jusqu'au XVIIe siècle, les grands maîtres étaient choisis parmi les échevins en exercice ou parmi les membres du Conseil de ville ; à partir du XVIIe siècle, on les prit quelquefois parmi les marchands ou les avocats de Saint-Omer. Les grands maîtres ne pouvaient refuser l'honneur qu'on leur faisait en les nommant ; quoique cet honneur fût accompagné de quelques profits, telle qu'une taxe annuelle sur le métier, il impliquait surtout des charges, et l'échevinage avait pris des mesures pour qu'on ne s'y dérobât pas. Les grands maîtres des métiers de Saint-Omer rappellent les patrons des collèges d'artisans de la période romaine. Ils présidaient leur corporation dans les cérémonies ; ils exerçaient, au-dessus des doyens, une haute surveillance, et une sorte de basse justice au-dessous du Magistrat dont ils relevaient ; ils gardaient en dépôt les registres de la corporation. Au XVIe siècle, quarante-trois métiers de Saint-Omer avaient un grand maître.

La municipalité, ou quelquefois le métier, nommait dans chaque communauté, pour un an ou plus, des Cœuriers, c'est-à-dire des maîtres ayant cure de faire des visites, d'examiner les marchandises chez les maîtres et aux halles, d'y apposer la marque de la ville, de surveiller les marchandises apportées par les forains.

La plupart des corps de métiers avaient, à Saint-Omer, comme partout, leur confrérie. La confrérie avait des gouverneurs qui administraient avec l'assistance du doyen, une chapelle, des fonds qui lui appartenaient en propre. M. Pagart d'Hermansart en compte cinquante et une. Les plus riches possédaient une chandelle, c'est-à-dire un cierge que le doyen portait à la procession du Saint-Sacrement, et ceux qui payaient la cotisation de la chandelle avaient seuls le droit de suivre cette procession. Les repas, comme dans toutes les confréries, étaient fréquents ; la procession du Saint-Sacrement, la reddition des comptes, la fête du patron, la nomination du doyen, la réception d'un maître ou d'un apprenti étaient autant d'occasions, sans compter les mariages et les enterrements.

L'apprentissage commençait entre 12 et 18 ans; il durait 2 ou 3 ans. Dans la plupart des corporations, le maître ne pouvait avoir dans le même temps qu'un seul apprenti. Celui-ci était tenu de payer, soit en une fois, soit chaque année, certaines sommes à la caisse commune du métier.

Les règles du chef-d'œuvre étaient à peu près celles qu'on retrouve dans toutes les villes de France. Ce chef-d'œuvre était exécuté, après autorisation du Magistrat, ce qui est un trait particulier à la région du Nord, dans la boutique d'un maître, sous la surveillance du doyen et de quatre maîtres du métier qui admettaient ou refusaient le récipiendaire. Les droits à payer, d'après un état dressé pour l'année 1767, variaient de 138 livres (pour les bélandriers), à 1 livre 10 s (pour les manneliers); dans le plus grand nombre des métiers, il était de 40 à 50 livres. Une partie de ces droits étaient attribuée à la chapelle du métier, une autre au doyen et aux quatre maîtres, le reste au serviteur du métier, lequel était toujours le dernier maître reçu, et à la caisse de la communauté. Le candidat avait à supporter d'autres frais, plus ou moins autorisés par les statuts, mais rendus obligatoires par l'usage et souvent très onéreux, entre autres le repas de réception, donné à toute la communauté après l'admission du nouveau maître.

Quelquefois le Magistrat dispensait du chef-d'œuvre ou de l'apprentissage certains maîtres. Le cas d'ailleurs était rare; le maître n'intervenait d'ordinaire que pour réparer, sur la requête du plaignant, certaines injustices que l'esprit de monopole ou des rancunes personnelles faisaient commettre aux maîtres. Les fils des maîtres étaient en général dispensés de l'apprentissage et ne payaient que des droits de maîtrise réduits, souvent de moitié[1].

Les statuts des corporations de Saint-Omer n'indiquent pas, sauf une exception, qu'après l'apprentissage il y eût un stage obligé dans le compagnonnage pour se présenter au chef-d'œuvre. Mais la limitation du nombre des maîtres était une

[1] Le 16 septembre 1780, le magistrat autorisa le grand maître des filetiers à recevoir à la maîtrise, sur le refus des maîtres de la corporation, un filetier qui exerçait (probablement comme forain) depuis quatorze ans.

barrière qui y retenait nécessairement la plupart des ouvriers pendant un temps plus ou moins long, souvent toute leur vie. Les maîtres pouvaient occuper autant de garçons qu'ils le voulaient; les garçons qui étaient bourgeois de la ville, avaient droit d'être employés de préférence aux autres ; et, parmi les forains, ceux qui avaient un an et un jour de séjour prenaient à cet égard le pas sur les nouveaux venus. Les uns et les autres devaient, sous peine d'amende, ne pas quitter leurs patrons avant le terme fixé par leur engagement ; les maîtres qui auraient débauché l'ouvrier d'un confrère ou même qui l'auraient accueilli sans l'agrément du maître précédent, étaient punis. « Il était interdit, dit l'auteur, aux ouvriers d'emporter aucun ouvrage pour faire chez eux et, comme ils devaient tout leur temps à leurs maîtres, ils n'étaient autorisés à travailler pour leur usage particulier qu'à la condition d'avertir le doyen de la communauté qui leur indiquait la boutique où il leur était permis de confectionner sans interruption l'objet dont ils avaient besoin; on leur fournissait un emplacement séparé, les outils nécessaires et les matières à employer dûment estampillées ; enfin, dans ces cas, ces ouvriers payaient souvent une petite somme par jour au métier [1]. »

La cloche du guet réglait les heures du travail et des repas pour les ouvriers et artisans, et même les heures de vente pour les marchands. Le travail à la chandelle n'était autorisé que par exception. Les fêtes chômées étaient nombreuses.

M. Pagart d'Hermansart a traité, en outre, de plusieurs questions qui touchent à l'industrie et au commerce de Saint-Omer. En recueillant et en mettant en œuvre les matériaux d'une étude complète des métiers à Saint-Omer, l'auteur a donné un exemple qui mérite d'être connu et d'être suivi.

E. Levasseur.

[1] T. XVI, p. 232.

CONVOCATION DU TIERS-ÉTAT

DE SAINT-OMER

AUX ÉTATS GÉNÉRAUX DE FRANCE ET DES PAYS-BAS

I

Extrait du Répertoire des travaux historiques pendant l'année 1883, t. 3, n° 1. (1884).

« 1059. — La première partie de ce travail (p. 167-189 des
» Mémoires) est consacrée à la convocation du tiers-état de
» Saint-Omer à ces différentes assemblées avec quelques mots
» sur l'histoire de chacune d'elles. L'auteur insiste particuliè-
» rement sur la convocation aux Etats généraux de 1789. (Voir
» la liste des divers corps et communautés de métiers avec le
» nombre des électeurs et des députés, etc.)

» La deuxième partie (p. 191-219) comprend des pièces justi-
» ficatives tirées des Archives nationales et des Archives de
» Saint-Omer. » (Suit la nomenclature).

II

Extrait de la Revue de la Société des Etudes historiques, septembre-octobre 1883, p. 321 à 326.

Convocation du Tiers-Etat de Saint-Omer aux Etats généraux de France et des Pays-Bas, par M. Pagart d'Hermansart.

Dans un temps où tous les modes de vie sociale sont examinés tour à tour, où toutes les traditions, notamment les traditions de la vie municipale, sont mises en question, une brochure comme celle que nous envoie M. Pagart d'Hermansart prend une importance toute spéciale.

Cette brochure est courte, et surtout raconte brièvement l'histoire des représentations du tiers-état de Saint-Omer avant 1789. C'est surtout dans la compétition entre les Etats d'Artois et la ville de Saint-Omer que réside l'intérêt de cette première partie. Les Etats ont la tutelle de la commune et entendent la conserver. La commune veut son indépendance et réclame l'honneur de figurer directement et en son propre nom aux Etats généraux. La question n'est-elle pas de nos jours, et le degré de tutelle à exercer sur les communes par un pouvoir supérieur, l'Etat ou le Conseil général, n'est-il pas l'objet d'un des plus graves dissentiments d'aujourd'hui ?

Philippe-le-Bel dans ses querelles avec Rome en appelle à l'opinion publique la plus étendue. Il convoque aux Etats de 1302 des députés de la bourgeoisie. La municipalité de Saint-Omer choisit trois délégués de la ville.

Philippe de Valois, en 1346, recourt également à toutes les classes de la population pour appuyer ses droits contestés à la couronne. — C'est encore à l'appel d'une royauté en litige que Saint-Omer répond en 1420. — C'est pour se faire donner le gouvernement contesté du Hainaut que Philippe-le-Bon appelle, en 1427, les Etats de Flandre à décider entre Jacqueline de Glocester et lui : Saint-Omer y est représentée par son mayeur et trois bourgeois.

A dater du traité de Madrid (1525) Saint-Omer a passé sous la domination de Charles-Quint. Une seule fois encore, en 1555, un peu avant l'abdication de Charles-Quint, Saint-Omer fut représentée aux Etats d'Arras qui n'accordèrent à l'Empereur qu'une somme inférieure à celle qu'il demandait. Enfin, en 1556, l'échevin de Saint-Omer, Jehan de Bersaques, assiste à la prise de possession de Philippe II et à la prestation des serments réciproques.

Ainsi, le rôle politique de la bourgeoisie des villes s'accentue d'autant plus que le pouvoir supérieur est moins fort ou moins solide : il s'efface en présence d'un gouvernement puissant et incontesté.

Redevenue française en 1677, Saint-Omer subit l'exclusion gouvernementale imposée depuis 1614 à tous les pouvoirs populaires en France. Sa municipalité n'était plus élue par les habitants depuis l'édit de 1771 : en 1773, la nomination du mayeur et des échevins avait été attribuée aux Etats d'Artois. On sait qu'il ne restait qu'aux pays d'Etats une existence politique qui n'émanât pas directement du gouvernement.

Mais, en 1788, toute une révolution s'est opérée dans les doctrines universellement admises ; elle s'impose aux résolutions du gouvernement, et il se trouve que le gouvernement, beaucoup plus imbu des idées nouvelles que les Etats, protège contre ceux-ci la représentation du Tiers-Etat, directement convoqué par lui. Les détails de la nomination des députés et les règles à adopter pour la rédaction des doléances sont établis par l'administration supérieure (Lettres royales du 24 janvier et 19 février 1789 — instructions du lieutenant général de la Gouvernance d'Arras, direction de M. de Bellerive, lieutenant général civil et criminel du bailliage royal, ville et châtellenie de Saint-Omer) avec une bonne foi et un libéralisme qui s'altèrent, hélas ! trop souvent, quand interviennent les calculs de parti et les défiances mutuelles. Les corps constitués (tribunaux de divers ordres, municipalité), les corporations des divers métiers, enfin l'ensemble des personnes qui ne sont pas comprises dans des corps, communautés et corporations, ont formé des assemblées, au nombre de 54, du 26 au 29 mars 1789, soit dans des lieux de réunion habituelle, soit chez leurs doyens, soit à la halle de la ville et ont élu 70 députés. Il n'y a pas, d'ailleurs, proportion exacte du nombre des électeurs à celui des députés ; les corps constitués en élisent chacun deux pour des nombres variant de 5 à 8. Puis 64 électeurs de professions libérales en choisissent 11 ; 814 gens de métiers répartis en 42 corporations, élisent 44 délégués. Chaque corps d'électeurs a droit à rédiger des doléances ; en réalité les chaudronniers seuls et les mesureurs de grains usent de ce droit ; les premiers réclament la protection de leur privilège contre les chaudronniers ambulants ; les autres veulent reprendre le droit de mesurer le sel gris.

Les 70 délégués, réunis à l'hôtel de ville le 30 mars, élisent 20 députés chargés de rédiger le cahier des doléances de la ville et de le présenter à l'assemblée du bailliage, le 6 avril.

Les 6 et 7 avril, les députés des paroisses et bourgs du bailliage se réunissent à ceux de la ville, et rédigent en commun un cahier de doléances peu différent de celui de Saint-Omer sur lequel nous allons revenir. Cette assemblée envoie à Arras 62 députés ; le lundi 20 avril, 21 commissaires sont désignés, à raison de 3 par bailliage, pour rédiger le cahier définitif des doléances du Tiers-Etat de la province et élire ses députés aux Etats généraux. Ceux-ci sont au nombre de 8, Robespierre est le quatrième. La capitale de la Province a exercé, sur leurs choix, une influence prépondérante, et un négociant d'Arras l'a emporté sur l'avocat Marin, de Saint-Omer, qui avait été pourtant l'un des rédacteurs du cahier de doléances adopté par l'assemblée.

Changez le nom des corps : remplacez le bailliage par le tribunal civil, les *procureurs* par les avoués, les *apoticaires* par les pharmaciens, les *corporations* par les syndicats et les cahiers de doléances par les mandats impératifs, et vous pourrez vous représenter les pratiques de 89 transportées à la France de nos jours, d'autant plus que les doléances assure-t-on, furent, en général inspirées par des correspondances parisiennes. La franc-maçonnerie est même nommée à cet effet. On sait qu'elle se manifesta lors de l'entrée de Louis XVI à l'hôtel de ville, dans les derniers jours de juillet 1789, en croisant ses armes au-dessus de la tête du Roi. On sait que des députés prétendirent se référer en tout aux cahiers, et que Mirabeau fit repousser cette prétention en faisant remarquer que, s'ils renonçaient à s'éclairer par la discussion, ils pouvaient déposer leurs cahiers à leur place, et renoncer à leur siège. Vous verrez que la représentation était au 4e degré, qu'elle n'était pas proportionnelle au nombre des électeurs, mais que chaque corps ou métier avait ses délégués. — Enfin et la différence est capitale — nous n'avons vu ici que la représentation du Tiers. La noblesse et le clergé ont nommé, de leur côté, des députés au nombre de 4 pour chaque ordre.

Le cahier des doléances de la ville et faubourg de Saint-Omer comprend 66 articles de portées très diverses : il mérite d'être étudié avec quelques détails, parce qu'on y retrouve la trace de tout le travail qui s'était fait dans les esprits pendant les deux siècles de silence national et de pouvoir absolu imposés depuis Richelieu, mais non pas d'ignorance générale et d'indifférence à la cause publique. On sent bien d'ailleurs que l'expérience fait défaut sur plus d'un point et que l'opinion préconise plus d'une fois des solutions irréalisables.

Point de doute, du reste, sur le pouvoir constitutif que devront exercer les Etats généraux.

Les Etats fonderont une monarchie constitutionnelle avec obligations réciproques des sujets et du Roi. Les Etats fixeront les époques de leur retour périodique. (Art. 1 à 3).

Puis viennent les droits du citoyen : nul ne pourra être arrêté que sur un décret du juge ordinaire, ou dans des cas fixés par la loi. (Art. 4, 5).

La liberté de la presse sera illimitée ; toute œuvre portant d'ailleurs la signature de son auteur. (Art. 6).

Le secret des lettres sera respecté, — la propriété inviolable, sauf déclaration d'intérêt public et dédommagement immédiat au plus haut prix. (Art. 7, 8).

Nul impôt ne pourra être perçu, nul emprunt contracté que du consentement des Etats. Nul ne sera exempt du paiement de l'impôt. (Art. 9 à 12).

Les ministres seront responsables devant les Etats. Les comptes de finances nationales, provinciales, municipales seront publiés chaque année. (Art. 14, 15).

Le chiffre des pensions et appointements sera limité par les Etats. (Art. 16).

Les provinces feront elles-mêmes la répartition et perception des impôts. (Art. 17).

Les domaines seront les uns aliénés, les autres administrés par les provinces. (Art. 18, 19).

Les Codes seront réformés. (Art. 21).

Les mêmes délits seront punis des mêmes peines, sans acception de l'ordre auquel appartient le délinquant. (Art. 26).

Tout litige, sans exception, sera soumis aux juges ordinaires. (Art. 27, 28, 29, 32).

Deux degrés de juridiction seulement, sauf le siège de police et un tribunal arbitral à établir. (Art. 64).

Les juges seront élus par les justiciables parmi les avocats ayant 10 ans d'exercice. (Art. 33).

Supprimer les droits d'entrée sur les matières premières et les prohiber à la sortie. (Art. 43).

Unification des poids et mesures. (Art. 46).

Le Tiers Etat pourra occuper tout grade ou emploi. (Art. 51).

Rétablir au profit de la ville de Saint-Omer l'élection de ses juges et administrateurs, et le droit de régler les communautés etc., *sous le ressort* des juges supérieurs ordinaires. — Lui confier l'administration des biens du collège et *l'enseignement*. (Art. 57).

Rendre libre la recherche des mines. (Art. 62).

Proportionner la représentation au nombre de feux. (Art. 63).

Maintenir le privilége d'arrêt sur les biens des étrangers au profit des habitants de la ville. (Art. 66).

J'ai passé les articles qui concernent des détails sans intérêt aujourd'hui. Il suffisait de montrer dans ce cahier la recommandation des principes qui régissent notre état social actuel. La solution indiquée pour des questions qui s'agitent encore de nos jours — quelques erreurs que l'expérience semble avoir définitivement condamnées — offre un résumé, un travail digne de l'attention de l'historien et de l'homme d'Etat.

Me pardonnerez-vous de m'être ainsi étendu sur des matières si dignes d'attention, et n'aurons-nous pas à remercier M. Pagart d'Hermansart d'avoir, par l'exemple d'une seule ville, montré ce que fut pour tout le royaume, le mouvement de 1789, résultat du travail latent qui s'était fait dans les esprits depuis Richelieu! Ne prendrons-nous pas en estime ces représentants d'une commune de second ordre qui mêlaient si peu d'erreurs à la conception des principes de l'ordre le plus élevé.

Colonel FABRE DE NAVACELLE.

L'ANCIENNE CHAPELLE DE SAINT-OMER

DANS L'ÉGLISE DE SAINT-OMER

ET LE

Chanoine GUILLUY

I

Extrait de la Revue de l'Art chrétien

Les chapelles des deux bas-côtés de l'église de N.-D. de Saint-Omer sont closes par des fermetures en marbre et en albâtre d'une exécution riche et soignée. Le petit travail qui nous occupe concerne la sixième à gauche, dont la clôture fut donnée en 1631 par Georges Guilluy, chanoine de Saint-Omer au commencement du dix-septième siècle.

La description fort détaillée de la clôture, œuvre notable d'un style si peu conforme à celui de la belle église de Saint-Omer, n'offre qu'un intérêt local.

Elle est suivie de quelques détails biographiques sur le donateur.

II

Répertoire des travaux historiques pendant l'année 1883, t. 3, n° 1 (1884.)

« 1043. — Le chanoine Guilluy, qui fit fermer cette chapelle
» par une riche balustrade en marbre, vivait au commence-
» ment du XVIIe siècle et mourut en 1638.

DE BARTELÉMY. »

L'ARTOIS RÉSERVÉ

SON CONSEIL, SES ÉTATS, SON ÉLECTION

à St-Omer, de 1640 à 1677

I.

Repertoire des travaux historiques pendant l'année 1883
t. 3, n° 1 (1884).

« 1062. — *L'Artois réservé* était la partie de l'Artois conser- » vée par le roi d'Espagne jusqu'en 1677 après la prise d'Arras » et le traité des Pyrenées. La capitale était St-Omer où s'éta- » blirent un Conseil provincial (1640), des Etats (1640) et une » élection (1644). L'auteur s'est proposé de faire le récit anec- » dotique de leur installation d'après les mémoires du temps. » Il publie la liste des membres du Conseil provincial et des » officiers de l'élection avec leurs armoiries. Ce travail est » suivi de 8 pièces justificatives tirées des Archives de Saint- » Omer et du Pas-de-Calais.

» Georges Cardon. »

II

Bulletin du Comité des travaux historiques et scientifiques, section d'histoire et de philologie, année 1883, n° 2. p. 93.

« Détaché du royaume en vertu du traité de Cambrai (jan- » vier 1526), l'Artois fut, pour la majeure partie, reconquis par » Louis XIII, et la paix des Pyrenées (novembre 1659) en re- » connut la possession à son successeur. Seules, les villes » d'Aire et St-Omer, ainsi que leurs dépendances, restérent à » l'Espagne sous le nom d'*Artois réservé* jusqu'à ce que le

» traité de Nimègue (septembre 1678) eût consommé la réunion » de la province tout entière à la France, Philippe IV, ou plu- » tôt son lieutenant au gouvernement des Pays-Bas, l'infant » don Ferdinand, conserva à l'Artois réservé son organisation » antérieure et transféra à Saint-Omer le Conseil provincial, » les Etats et l'élection qui siégeaient précédemment à Arras. » Ce sont les conditions et les circonstances de cette triple » translation que l'auteur a étudiées et relatées dans le pré- » sent mémoire ; il l'a utilement complété par la liste et l'ar- » morial des membres du Conseil provincial et des officiers de » l'élection d'Artois de 1640 à 1677.

» Comte de Lucay. »

LA GHISLE

OU COUTUME DE MERVILLE

1451

I

Revue des questions historiques XIX° année, 74° livraison, 1er avril 1885, p. 669-700, Bulletin Bibliographique.

« M. Pagart d'Hermansart publie deux textes importants pour » la connaissance de l'organisation ancienne de la commune de » Merville, petite ville du nord de la France.

» Le premier est une sentence des arbitres chargés, en 1265, » de trancher les différends qui s'étaient élevés entre la » comtesse Marguerite de Flandre et le chapitre St Amé de » Douai, au sujet de leurs droits respectifs sur Merville. Le » second est une charte accordée aux habitants de Merville » par le duc de Bourgogne Philippe-le-Bon.

» Merville était autrefois située dans l'alleu de la collégiale » de Saint-Amé. Là, comme ailleurs, les comtes de Flandre ac- » quirent peu à peu une part de souveraineté ; l'acte de 1265 » nous révèle une sorte de pariage entre le chapitre et » les comtes, le chapitre prend les deux tiers des profits de » justice, et le comte en prend le tiers. D'ailleurs l'influence » du comte devait être dominante, grâce à la présence de son » châtelain et de son bailli, grâce à l'initiative qu'il avait en » matière de justice, grâce aussi à son droit exclusif au ser- » vice militaire. Il en fut toujours ainsi des pariages par les- » quels le roi ou un puissant seigneur s'imposait à une église » comme associé.

» Merville possédait un échevinage dont les membres concou- » raient à l'administration de la justice. M. P. d'H... conclut, » assez gratuitement à mon avis, de l'article 13 de la sentence

» de 1265, que les échevins étaient désignés, non par le suf-
» frage, mais par le chapitre de St Amé.

» L'acte de 1451, que l'auteur analyse aussi avant de le
» publier, contient de nombreux et intéressants détails sur
» l'organisation de la commune.

» On remarquera notamment les dispositions relatives au
» rétablissement de la paix en cas de rixe ou de bataille entre
» les bourgeois (assurance ou ghisle). Les échevins obligeaient
» les parties à se soumettre à la décision de deux « paiseurs »
» désignés par eux et chargés de fixer les conditions de la ré-
» conciliation ; c'est une coutume très répandue dans les villes
» du nord de la France. De plus on pourra constater à Mer-
» ville, comme en beaucoup d'autres villes de Flandre, l'exis-
» tence d'un second banc de magistrats, les *quatorze hommes*
» qui font partie du corps municipal. On y reconnaîtra enfin
» beaucoup de traits qui caractérisent la vie communale en
» Flandre.

« F... »

II

Extrait de la revue générale du droit [1], *année 1885, p. 576 à 578.*

La Ghisle ou la coutume de Merville (1451), par M. PAGART D'HERMANSART, Saint-Omer, 1 br. in-8°, de 86 pages

M. Pagart d'Hermansart a découvert aux archives départementales du Nord un placard en parchemin, daté du 2 septembre 1451, sur lequel se trouve la coutume inédite, donnée à la ville de Merville par Philippe-le-Bon. Cette coutume se nommait *Ghisle*. Les ghisles ou assurances de paix ont été à l'origine des institutions politiques ; elles sont devenues et elles sont restées jusqu'à la fin du XVIIe siècle de véritables coutumes ayant le caractère de dispositions judiciaires. La ghisle de 1451 a pour but de rétablir la paix de la ville et les dispositions détaillées de cette institution de paix, ainsi créée au XVe siècle, présentent à elles seules une certaine importance.

[1] Ernest Thorin, éditeur, Paris, 7, rue de Médicis.

Mais la ghisle de Merville contient en outre divers articles de droit pénal, de droit civil ; la constitution de son échevinage, ses attributions judiciaires, la procédure font encore l'objet d'autres dispositions, de sorte que la ghisle est une véritable coutume. M. Pagart d'Hermansart a cru qu'il y avait intérêt à la faire connaître ; nul ne trouvera à redire à la publication de ce texte qui offre de l'intérêt tout particulièrement pour l'histoire des institutions du nord de l'ancienne France. En tête de son édition (que nous ne pouvons que mentionner avec éloges) il a placé deux fragments sur lesquels nous croyons devoir fournir quelques indications. Le premier est un aperçu historique sur Merville ; l'auteur y fait connaître les institutions. L'administration était confiée, au nom du comte qui exerçait le pouvoir souverain, à un bailli. La haute justice était exercée, soit par le comte lui-même, soit par son délégué dans trois plaids généraux annuels ; les hommes de fief y jugeaient avec les échevins ; on portait devant cette juridiction les homicides, les crimes de lèse majesté, d'hérésie, etc. En outre il y avait des assemblées extraordinaires et plus solennelles, les *Franches vérités,* où devaient comparaître tous les habitants de libre condition, et qui étaient chargées de recevoir la dénonciation des délits qui auraient échappé au bailli, comme aussi de réprimer les abus administratifs et de punir les grands crimes ; les délits forestiers et ceux de pêche étaient attribués à la juridiction compétente. Le comte avait les droits d'ost et d'arrière-ban. Sous la réserve des droits supérieurs du comte, le chapitre de Saint-Amé, à Douai, avait la justice haute et basse dans la ville et l'étendue de son territoire. Toutes les causes purement féodales dépendaient des officiers spéciaux du siège dont relevaient les fiefs, et l'appel en était généralement porté devant la noble Cour de Cassel. La magistrature municipale se composait de sept échevins annuels. A la tête de l'échevinage était le maïeur qui représentait le comte et qui avait en mains la puissance publique et la force coactive. En 1451, on créa sous le titre de *Quatorze hommes* une autre classe d'officiers municipaux chargés de l'administration des finances et des travaux publics, et sous le nom de *chief eschevin* un magistrat remplissant les fonctions attachées ailleurs à la position de maire. Le deuxième fragment est un résumé très complet et un commentaire de la ghisle. Les diverses dispositions de cette dernière ne sont pas placées dans un ordre absolument logique ; cependant on peut les ramener à quatre chefs : droit pénal, droit civil, droit administratif, procédure civile.

La ghisle ne dictait pas des règles pour les grands crimes mais uniquement pour des infractions punies d'amende ou de bannissement (injures, port d'armes, refus de concours à la justice, assaut de maison, flagrant délit, inconduite) ; cinq articles ont particulièrement pour objet l'institution d'une *assurance de paix*. A ce propos, M. Pagart d'Hermansart a fourni des détails très curieux ; nous regrettons que le défaut de place ne nous permette pas de les analyser, de montrer les tentatives faites par l'autorité pour amener la cessation des contestations, le jugement qui avait pour but de les terminer, etc. Les dispositions relatives au droit civil traitaient de la tutelle des orphelins et des mineurs, de la majorité fixée à dix-huit ans pour les hommes et à quatorze ans pour les filles, des contrats qui étaient reçus par les échevins, libellés par un clerc assermenté, de la coutume de proximité ou retrait lignager, de la transmission de la propriété immobilière par la formalité du *werp*. On trouve également des prescriptions se référant à l'administration, notamment au point de vue de la vicinalité. Enfin certaines règles de procédure sont établies en cas d'actions personnelles pour « debte, labeur, marchandises ou lettres obligatoires. » La procédure était simple ; les parties n'usaient point du ministère d'avocat, conseil ou procureur : elles débattaient leur cause publiquement et de vive voix ; la justice n'était pas absolument gratuite ; les ajournements, les convocations de témoins, les enregistrements se payaient. Les frais de la procédure étaient à la charge des condamnés ou des défaillants.

L'étude de M. Pagart d'Hermansart est un bon travail d'histoire locale ; nous sommes heureux de lui accorder les éloges qui lui sont justement dus et de le signaler aux lecteurs de la *Revue générale du droit*.

Gve Bérard,
Avocat.

LA MAISON DE LAURETAN

ISSUE

DES LOREDAN DE VENISE

EN ALLEMAGNE, DANS LES PAYS-BAS ET EN ARTOIS

Extrait du Polybiblion. — Revue bibliographique universelle. Partie littéraire, 2e série, tome 24, XLVIIe de la collection, 6e livraison, décembre, 1886, p. 549.

ARTOIS. — M. Pagart d'Hermansart vient de publier sous ce titre : La *Maison de Lauretan, issue des Lorédan de Venise, en Allemagne, dans les Pays-Bas et en Artois.* (Saint-Omer, H. D'Homont, 1886, in-8° de 81 p.) une notice très bien faite sur une maison dont l'origine peut être incertaine, mais dont la généalogie présente un véritable intérêt pour l'histoire de l'Artois et de Saint-Omer en particulier. Nous félicitons l'auteur de la façon dont il a composé son travail. Nous avons remarqué avec plaisir l'innovation qui consiste à donner, à la fin, le tableau en raccourci de la généalogie, avec renvois aux pages. Ajoutons que l'index géographique et la table des armoiries des familles citées constituent aussi des éléments pleins d'intérêt.

LES CYGNES DE SAINT-OMER

Extrait du Polybiblion. — Revue bibliographique universelle. Partie littéraire, 2e série, t. 25, 49 de la collection, avril 1887, p. 372.

Artois. — M. Pagart d'Hermansart vient de publier une nouvelle brochure intitulée : *Les Cygnes de Saint-Omer, Fiefs et Hommages. La Garenne du Roi.* (St-Omer, imp. H. D'Homont, in-8 de 21 p.). M. Pagart d'Hermansart rappelle que, dans tout le nord de la France, le droit de posséder des cygnes était un privilège seigneurial. En 1386 Philippe-le-Hardi, duc de Bourgogne, comte de Flandre et d'Artois, se réserve expressément la « garenne des cygnes » dans la châtellenie de Saint-Omer. Plus tard, les divers souverains de l'Artois concédèrent à certains seigneurs le droit de placer des cygnes dans leur garène. « Ces gracieux oiseaux » disparurent presque entièrement à l'époque du siège que Saint-Omer eut à subir en 1638.

Saint-Omer, Imp. H. D'Homont.

www.ingramcontent.com/pod-product-compliance
Lightning Source LLC
LaVergne TN
LVHW020248230826
846091LV00006B/2312

* 9 7 8 2 0 1 9 9 3 9 3 8 0 *